인간과 기계
기술에 관한 사회학적, 형이상학적 문제

니콜라이 알렉산드로비치 베르댜예프 지음

안성헌 옮김

대장간

Человек и Машина
  :проблема социологии и метафизики техники
  автор Николай Александрович Бердяев

인간과 기계

지은이   니콜라이 알렉산드로비치 베르댜예프
옮긴이   안성헌
초판발행   2024년 9월 15일

펴낸이   배용하
책임편집   배용하

등록   제364-2008-000013호
펴낸 곳   도서출판 대장간
               www.daejanggan.org
등록한 곳   충청남도 논산시 가야곡면 매죽헌로1176번길 8-54
편집부   전화 (041) 742-1424
영업부   전화 (041) 742-1424 · 전송 0303-0959-1424
ISBN   978-89-7071-707-4   03130

분류   인문학 | 기술철학 | 교양

 값 7,000원

Человек и Машина

проблема социологии и метафизики техники

автор

Николай Александрович Бердяев

Пумь. Ма   1933. No 38. С. 338.

Korean Translation by Sungheon Ahn

목_차

옮긴이 서문 • 13

1장/기술에 관한 사회학적, 형이상학적 문제 • 25
  1. 근본 역설 • 30
  2. 유기체와 조직 • 35
  3. 피조물의 반란 • 39

2장/새로운 현실 • 43
  1. 정신 차원의 문제 • 47
  2. 이상주의적 반응 • 55

3장/기술의 진짜 위험 • 61

4장/기술과 영혼 • 69

니콜라이 A. 베르댜예프의 저작-연대순 • 89

옮긴이 서문

러시아 사상가 니콜라이 알렉산드로비치 베르댜예프는 유럽 사회의 격변기인 19-20세기를 살았다. 11세에 톨스토이의 『전쟁과 평화』를 독파했고, 도스토옙스키, 칸트, 헤겔, 쇼펜하우어를 읽었을 정도로 유년 시절부터 인문학 주제에 관심을 보인 그는 볼셰비키 혁명 이전에 마르크스주의자로 활동했다. 반정부 투쟁을 벌이다 수감된 적이 있을 정도로, 그의 투쟁은 진심이었다. 1900년에 볼로그다로 유배됐고, 이듬해인 1901년에 첫 저작 『사회철학에서 주관주의와 개인주의』를 쓴다. 이 책은 굴복할 줄 모르는 강경 마르크스주의, 이른바 '비순응주의적 마르크스주의'의 노선을 서술한다.

그러나 베르댜예프는 1904년부터 상트페테르부르크에 체류하면서 마르크스주의에서 점점 멀어진다. 특히, 세르게이 볼

가코프의 영향을 받아 러시아 정교회 사상을 새롭게 발견한다. 새로운 분야에 눈을 뜬 그는 고대 그리스 교부 사상과 독일, 프랑스의 신비주의 사상 연구에 매진한다. 새로운 사상과의 접촉은 인간을 더 이상 "존재"가 아닌 "자유"에서 볼 수 있는 안목을 키우는 출발점이었다. 다시 말해, 베르댜예프는 모든 속박과 서열에서 해방된 존재로서의 인간만이 참다운 인간임을 깨닫는다. 이러한 행보는 자연스레 관료주의와 권위주의에 호소하는 당대 마르크스주의나 러시아 정교회 교권주의에 대한 반감으로 이어진다. 모든 권위주의에서 멀어진 그는 기독교 실존 사상에 의거해 독창적인 사상을 발전시키기 시작한다.

기독교 아나키스트의 역사와 사상을 연구한 정치학자 알렉상드르 크리스토야노풀로스는 베르댜예프를 "기독교 아나키즘" 사상가로 구분한다.1 베르댜예프 본인은 아나키스트를 자

---

1) Alexandre J. M. E. Christoyannopoulos, *Christian Anarchism*: *A Political Commentary on the Gospel*, Charlottesville, Imprint Academic, 2010, p. 33-34.

처하지 않았으나 그의 주장과 논제는 충분히 아나키스트로 분류될 만하다. 무엇보다 일체의 권위주의와 권위 체계, 특히 관료주의 체제에 대해 저항했고, 개별자로서의 인간의 자주성과 독립 정신을 강조했다는 점, 베르나르 샤르보노나 자끄 엘륄과 같은 1930년대 비순응주의 운동가들의 사상에 강한 영향력을 발휘했다는 점 등을 고려할 때, 그러하다.

그의 지성을 아낀 모스크바 대학교는 볼셰비키 혁명 후에 그를 교수로 초빙하려 했으나 볼셰비키 정부는 그를 걸림돌로 여겨 해외로 추방했다. 베르댜예프는 독일과 프랑스에 체류하면서 현대 사회의 갖은 병폐로 말미암은 인간성 말살을 목도한다. 전후戰後 유럽 사회의 비인간화, 상업 기계화, 물량주의 등은 인간을 거대 기계 체계의 부속품 취급했다. 인간다움의 가치는 사라지고, 능력과 쓰임새만 남는 현상을 본다. 이 무렵 베를린과 파리에서 종교철학과 역사철학의 주제를 깊게 성찰하며 "자유와 인격"에 대한 사상을 더욱 정교하게 다듬는다.

1933년 파리에서 러시아어로 발표된 본서 『인간과 기계』도 그러한 시대상과 사상 전개가 반영된 글이다. 기술을 통해 1930년대 유럽의 상황을 서술한 이 글은 '시대의 쟁점이 된 기술'을 엿볼 수 있는 맹아萌芽와 같은 글이다. 기술은 단지 경제나 생활 분야에 활용된다는 보조적 의미를 넘어서 세계와 인간의 관계 맺음에 결정적인 영향을 끼친다. 한 걸음 더 나아가, 기술은 인간의 표상 체계, 즉 "문화"에 영향을 미친다. 기술은 단순한 물질 현상이 아니다. 기술은 인간의 정신 구조를 교체하는 현상이다. 기술에 매료된 인간은 기술 낙관론을 선전하고, 나아가 기술을 구세주로 여기는 메시아주의에 빠진다. 요컨대 인간은 "기술 종교"의 신자가 된다.[2] 베르댜예프는 1장 초반에 당대 기술을

---

[2] 참고로, 현대 사회의 기술 문제를 인격 해방과 자유에 연결한 자끄 엘륄의 사상도 베르댜예프의 사상과 공명한다. 엘륄은 20세기 이후의 기술은 이전 시대의 기술과 전혀 성격을 달리한다고 진단한다. 그는 마르크스가 20세기에도 살아있었다면, 사회의 규정 요소를 "기술"로 봤을 것이라 말한다. 또 과거 중세 시대 종교 재판소가 모든 분야를 관할하는 지존의 자리에 앉았던 것처럼, 오늘날 기술은 인간과 사회 전 분야를 심의하는 현대판 종교 재판소가 됐다고 말한다. 다음 저작들을 참고하라. 자끄 엘륄, 『새로운 신화에 사로잡힌 사람들』, 박동열 옮김, 대장간, 2021; 『기술담론의 허세』, 안성헌

"인간의 마지막 사랑"이라고 정의한다. 기술 신자가 된 인간은 기술에게서 새로운 기적과 삶을 기대한다. 기술은 인간의 원함과 바람을 구체적인 물건으로 눈앞에 제시할 것이다. 그야말로 기술은 이적異蹟과 기사奇事의 주역이다. 그만큼 당시는 기술의 폭발적으로 그 영역을 확장하던 시기였음을 알 수 있다.

물론, 베르댜예프의 이 글은 컴퓨터, 인터넷, 사회관계망, 유전자 변이, 핵무기 등과 같은 기술 현상을 일일이 예견하지 않았다. 또 기술 현상에 대한 베르댜예프의 통찰도 굵직굵직하게 요약된 형식을 취한다. 그는 기술을 거대한 틀로 이야기하지도 않았고, 복합적으로 얽히고설키는 체계로 논하지도 않았다. "기술"에 대한 그의 통찰은 사회학적 경험과 관찰을 동반하지만, 포괄적인 형이상학 사유로 이행한다. 아마도 직선적이고 당장 적용 가능한 해법을 기대한 독자라면, 이 철학자의 통찰에서 건질 게 없다고 푸념을 늘어놓을지 모른다. 또 기술의 부정 현상

옮김, 대장간, 2023.

에 더 초점을 맞추는 독자는 인간에 대한 그의 낙관주의적 결론을 탐탁지 않게 여길지 모른다.

　베르댜예프는 다소 낙관적이고 놀라운 말로 글의 결론을 맺는다. 그는 기술이 인간의 육체나 영혼을 공격하고 무너뜨릴 수 있을지 몰라도, 고귀한 정신의 영역마저 무너뜨릴 수는 없다고 말한다. 기술과 기계의 시대도 언젠가 지나가지만, 정신의 시대는 계속 이어질 것이다. 기술과 기계의 시대보다 정신의 시대가 더 크고 넓으며 역사적 타당성을 갖기 때문이다. 베르댜예프의 이 "포괄적 사유"Pensée globale, global thinking는 "기계"를 인간 활동의 특수한 산물에 국한시킨다. 프랑스 정치생태학의 선구자인 베르나르 샤르보노는 인격체의 해방과 자유를 탐색한 네 명의 사상가를 탐구한 글에서 베르댜예프의 사상을 다룬다.3 그러나 그는 인격체인 개인을 "세계의 변화에 취약하기 이를 데 없는 씨앗"과 같은 존재로 규정할 뿐, 베르댜예프가 보였던 거시적 낙

---

3) Bernard Charbonneau, *Quatre témoins de la liberté. Rousseau, Montaigne, Berdiaev, Dostoïevski*, Paris, R&N Éditions, 2019, p. 86-104.

관론을 이야기하지 않는다. 샤르보노는 친구인 엘륄과 마찬가지로 거대한 변화에 휘말린 인간의 취약성에 역점을 두고, 이를 경계하고 질타하는 예언자의 자리에 있었기 때문에 그러한 낙관론을 강조하지 않으려 했을지 모른다. 그러나 베르댜예프는 인간 정신의 힘을 여전히 신뢰한다. 기계화를 앞세운 기술 사회가 빚어낸 인간 소외, 관계 단절, 사회성 파괴, 환경 재앙에도 불구하고, 인간은 자신을 간수할 수 있는 정신적 힘을 가진 존재이며 그러한 정신의 역사를 이어나갈 주역이다.

베르댜예프에게 인간이란 "개인"이다. 즉, 자연적 힘, 신화적 힘, 사회정치적 힘과 같은 온갖 힘이 빚은 일체의 속박에서 벗어난 개인, 세계를 객관화하려는 힘에서 이탈한 개인, 세계를 객관적 현실에 고정시키고 주체의 자유를 배제하려는 권력에서 해방된 개인이다. 그가 희망을 건 개인은 독립성과 자주성을 갖고 자기 사유를 할 줄 아는 정신의 소유자이기도 하다. '과학기술의료'를 숙명으로 여기고, 그에 의존하며, 나아가 이를 굳게

믿는 신앙의 영역으로 승화시키려는 시류를 판별할 줄 아는 주
체, 각종 선전과 선동에 쉽게 흔들리지 않는 주체, 인격체로서
진정한 자유의 가치를 실천하는 주체에게 베르댜예프는 여전히
희망을 건다. 그리고 그러한 주체들이 우뚝 서는 해방의 나라야
말로 이 땅에 구현될 진정한 '신의 나라'일 것이다.

※ ※ ※

이 글은 1933년에 발표됐고, 같은 해 프랑스어 번역본이 나
왔다. 역자는 러시아어 원문을 저본底本으로 삼고 프랑스어 역
본4을 참고했다. 특히, 원문의 장, 절, 문단 구분이 명확하지 않
은 곳은 프랑스어 역본의 구분을 따랐다. 원문 이해에 도움을 준
알비나 씨에게 지면을 빌어 감사의 말씀을 전한다. 또 본서의 출
간을 흔쾌히 허락해 준 도서출판 대장간의 배용하 대표에게도
감사의 말씀을 전한다. 번역에 관련된 모든 오류는 역자의 몫이
다. 독자들의 질정과 참여를 바란다. 비록 단편短篇이지만, 시대

---

4) Nicolas Berdiaeff, *L'homme et la machine*, Paris, R&N Éditions, 2023.

의 흐름과 상황을 보며 인격체의 참다운 자유와 해방을 고심했
던 사상가의 흔적이 독자들에게 전달될 수 있기를 바란다.

1장/기술에 관한 사회학적, 형이상학적 문제

앞으로 기술 문제가 인간과 문화의 운명을 좌우할 것이다. 그렇게 됐다고 해도 과언이 아니다. 옛 종교의 믿음 뿐 아니라 19세기 인문주의에 대한 믿음마저 약화된 불신의 시대에, 현대 문명인은 자신을 에워싼 기술, 그러한 기술의 힘과 무한 진보를 믿음의 유일한 대상으로 삼는다. 이 세상에서 벌어지는 모든 일이 새로운 믿음을 살찌우는 양식이다. 그야말로 **기술은 인간의 마지막 사랑이다.**Техника есть последняя любовь человека 5 이 사랑의 영향을 받은 인간은 제 고유한 형상을 바꿀 채비를 마쳤다. 기술 신자信者가 된 인간은 더 이상 기적이 존재하지 않는다는 사실을

---

5) [역주] 베르댜예프의 당시 기술 이해를 정확하게 대변하는 표현이다. 역자가 강조했다.

두려워한다. 그러면서 인간은 또 다른 기적을 갈망한다. 이제 인간의 눈앞에서 기적을 베풀 주인공은 기술이다. 기술이 인간에게 진정한 기적을 선사할 것이다. 기독교 의식을 가진 이들은 여태껏 기술의 가치와 의미를 제대로 파악하지 못한 관계로, 기술을 매우 걱정스러운 눈으로 바라 볼 것이다.

그리스도인들은 기술에 대해 두 가지 상이한 태도를 취한다. 그러나 우리가 볼 때, 두 가지 태도는 표면적이고 불완전하다. 첫째, 그리스도인 대다수가 종교에 비해 기술에 무관심하며, 기술을 중립 분야로 여긴다. 이들에게 기술은 그저 공학자의 일일 뿐이다. 기술은 생활 복지를 향상시키고, 생활의 완성도를 더한다. 그리스도인들도 그 혜택을 누릴 것이다. 그러나 이들은 기술을 기독교 의식이나 정신과 아무 상관없는 특수 분야로 여기거나 어떤 영적 문제도 제기하지 않는 분야 정도로 본다. 둘째, 또 다른 그리스도인들은 기술을 묵시록의 악으로 여겨 그 앞에 아예 납작 엎드린다. 인간의 삶에 지속적으로 영향을 미치는 기술의 힘에 지레 겁을 먹은 이들은 기술에게서 적그리스도의 승리, 심연深淵에서 올라온 짐승의 승리를 본다.

툭 터놓고 말하겠다. 묵시록에 대한 남용이 가장 횡행하는 곳은 러시아 정교회다. 이 교회는 "습관"과 "관습"의 심기를 건드리거나 파괴하는 일에 일각도 지체하지 않고 "적그리스도의 승리", 말세의 징후 등으로 낙인찍는다. 이러한 낙인찍기와 비슷한 해결책으로, 애당초 공포감에 사로잡혀 아무 것도 못하는 게으름뱅이라는 식의 일방적인 규정도 있다. 덧붙여, 중립을 표방하는 이들은 문제 자체를 무시하면 그만이라고 생각하므로, 문제 해결에 큰 노력을 기울이지 않는다.

우리는 기술을 포괄적 의미로 이해할 수도 있고, 제한된 의미로 이해할 수도 있다. 그리스어 "테크네"τέχνη는 산업을 의미하기도 하고, 예술을 의미하기도 한다. 동사 "테크나조"τεχνάζω 역시 제작과 예술 창조를 의미한다. 우리는 경제 기술, 산업 기술, 군사 기술, 운송 관련 기술, 생활의 편리와 관계된 기술에 대해서만 말할 수 없다. 생각하는 기술, 시작詩作 기술, 춤 기법, 법률 기술, 심지어 정신생활에 관계된 기술, 신비 차원을 단련하는 기술도 이야기할 수 있다. 따라서 요가 수련은 특수한 정신 기술에 해당할 것이다. 모든 기술은 '최소 노력'으로 '최대 결과'를 얻는 방식을 가르친다. 무엇보다 경제 시대라 할 수 있을 현 시대의 지배자는 기술이다. 그러나 지금은 양적인 것이 질적인 것에 우위를 점한 시기다. 금세기의 두드러진 특징이라 하겠다. 사실, 질적인 것은 지난 몇 세기 동안 이어져 온 수공업 노동의 유산이었다. 슈펭글러는 『인간과 기술』*Der Mensch und die Technik* 6 에서 기술을 투쟁으로 규정한다. 기술은 도구일 뿐, 목표가 아니다. 생활에 필요한 기술이라는 "목적"과 기술 "수단들"이 있을 뿐이다. 목적은 언제나 다른 영역, 즉 정신의 영역에 속한다. 그러나 수단들이 종종 그것을 대체한다. 심지어 수단들은 삶의 의미까지도 이익으로 전환할 수 있다. 따라서 삶의 범위가 완전

---

6) [역주] 오스발트 슈펭글러, 『인간과 기술』, 양우석 역, 서광사, 1999.

히 은폐될 수도 있다. 곧, 삶이라는 범위가 인간의 의식에서 삭
제될 수 있다. 현 시대의 광범위한 영역에서 벌어지는 일이다.
과학 연구에 매진하는 지식인들과 자기 작업에만 몰두하는 공
학자들에게 기술은 삶의 내용이자 목적일 수 있다. 그 순간부터
기술은 지식의 양식과 창조 행위로서 정신적 특징을 갖고, 정신
적 삶과 연관된다. 그러나 이러한 기술 수단들이 생생하게 살아
서 작동하는 존재로 변하기에, 정신의 축소와 소멸을 유발할 수
있다. 현재 우리가 심심치 않게 접하는 현상이다. 기술 도구는
그 본성상 그것을 사용하는 사람에게나 사용하도록 하는 사람
에게나 이질적이다. 인간의 삶에서 기술의 비극적 역할이 정해
지는 곳이 바로 거기이다. 흔히 인간을 '호모 파베르', 즉 '도구
제작자' 혹은 '공작인'으로 규정한다. 그리고 이러한 규정이 인
류 문명사에 널리 퍼졌다. '공작인'이라는 규정은 인간 삶의 목
적 자체를 총체적으로 대체해 버렸다. 현실을 가감 없이 증언하
는 규정이라 하겠다. 이제 인간은 공학자다. 그러나 공학자로서

의 인간은 자기를 넘어선 초월적 목적을 위해 여러 일거리를 새로 만들었다.

1. 근본 역설

우리는 이 문제를 마르크스 사상에서 흔히 접할 수 있는 역사 유물론 개념에 연결할 수 있다. 마르크스의 역사 유물론에 따르면, 사회 경제는 삶의 필수 조건이다. 경제적 토대가 없으면, 정신적 삶과 지성 활동은 불가능하다. 물론, 이데올로기도 존재할 수 없다. 그러나 필요한 부분이기는 해도 인간의 목적과 의미가 이러한 토대의 내용물에 지나지 않을 것이라 말하기는 어렵다. 그 시급함과 필요성 때문에 우리에게 강력한 힘으로 작용했다고 한들, 그것을 꼭 소중한 것이라 말할 수는 없다. 가치 척도의 정점에 있는 것이 오히려 특수한 힘을 누리지 못한다. 쉽게 말해, 현재 세계에서 물질은 강력한 힘을 발휘한다. 그러나 이와 동시에 물질이야말로 가장 낮은 가치로 취급되기도 한다. 죄

많은 이 세상에서 가장 약한 것은 세상이 십자가에 매달아 버린 신예수이지만, 십자가에 달린 이 신이야말로 이 세상의 최고 가치를 대변하는 존재다. 기술이 지금의 명성을 누릴 수 있는 이유는 기술의 궁극적 우위 때문이 아니다.

　우리는 다음과 같은 근본적인 역설과 대면했다. 첫째, 기술 없는 문화는 존재하지 않는다. 문화의 기원들 자체가 기술과 얽히고설켰기 때문이다. 둘째, 기술의 최종 승리는 문화 쇠퇴의 문을 열었다. 문화의 내부에는 기술 요소와 유기체 요소라는 두 가지 요소가 항시 공존한다. 그러나 후자에 대한 전자의 최종 승리는 문화가 더 이상 문화가 아닌, '퇴보'를 의미한다. 예컨대 낭만주의는 문화의 기술적 요소에 대한 문화의 자연적, 유기적 요소의 반항을 불러일으켰다. 고전 의식에 맞선다는 측면에서, 낭만주의는 자연에 대한 기술 형식의 우월성에도 대항했다. 문화사에서 영원히 되풀이되는 주제인 자연으로의 회귀는 기술의 지배 하에서 자연의 소멸을 목도하는 두려움, 인간의 통합적 본성

이 사라지는 것을 보는 두려움을 표현한다. 왜냐면 통합혹은 전체
성에 대한 열망이 낭만주의의 큰 특징이기도 하기 때문이다. 자
연으로의 회귀 욕망은 실낙원에 대한 추억이다. 또 그것은 우리
에게 금지된 곳, 더 이상 다가갈 수 없는 곳이 된 에덴을 향한 우
리의 향수다.

프랑스의 토마스주의자들은 '행함'$\pi\rho\alpha\kappa\tau\grave{o}\nu$과 '만듦'$\pi o \iota \eta \tau \grave{o} \nu$의
차이를 뒀다. 옛 스콜라 학파의 구별 방법이 고스란히 이어진 셈
이다. "행함"이란 인간 자신의 힘을 자유롭게 실행한다는 뜻이
며, "만듦"은 대상들의 생산과 제작을 가리킨다. 전자는 창조적
주체에 무게 중심을 두지만, 후자의 무게 중심은 창조된 것, 생
산된 것으로 이동한다. 기술 시대는 인간에게 최소 노력과 비용
으로 물품의 최대 생산을 요구한다. 이 시대에 인간은 생산 수
단, 전문 도구가 된다. 대상이 인간 위에 곧추선다.

우리는 인류 역사를 세 단계로 구분할 수 있다. 곧, 자연과
유기체의 시대, 말 그대로 문화의 시대, 기술기계의 시대로 구

분할 수 있다. 각 시대는 자연에 대한 정신의 특정 태도에 상응한다. 첫 번째 시대에서 정신은 자연에 물들어 있다. 두 번째 시대에서 정신은 자연에서 벗어나며, 정신성영성의 특수 영역을 형성한다. 그리고 마지막 세 번째 시대에서 정신은 자연 위에 제국을 이루고, 자연을 지배하기에 이른다. 우리는 이 세 가지 측면을 본질적으로 연대기적 연속으로 생각할 수 없다. 무엇보다 세 측면은 서로 다른 표현들에 해당한다. 문화 시대에 속하는 인간도 자연 세계 안에서 살았다. 이 시대의 인간은 자연 세계—인간의 창조물이 아닌 신의 창조물—와 접촉하면서 살았다. 문화 시대의 인간은 땅, 식물, 동물과 밀접하게 연결되었다. 대지의 신비, 땅의 신비는 언제나 중요한 역할을 했다. 사람들은 식물 경작이나 동물 사육의 범위를 잘 알았다. 이 요소들 가운데 일부는 변형된 형태로 기독교에도 침투했다. 기독교는 인간을 '땅에서 나온 존재이자 땅으로 돌아갈 존재'로 가르친다. 아무리 문화의 융성기라 하더라도, 문화는 자연에 대한 맛을 간직했다. 문화는 정원과 동물, 꽃, 그늘진 공원과 잔디, 강과 호수, 개와 말, 새를 사랑했다. 이 모든 것이 문화와 단절되지 않고 연결됐다. 문화인은 비록 자연과 동떨어져 살았지만, 여전히 하늘과 별들을 보았고, 우주 공간을 유유히 흐르는 구름을 보며 살았다. 자연의 아름다움에 대한 묵상도 문화의 탁월한 산물이다. 사람들은 유기체 관점으로 문화, 국가, 생명 일반을 고찰하곤 했다. 이 요소들을 살아있는 유기체와 동일시하면서 말이다. 어떻게 보면, 이 유기체들의 번성은 동식물의 번성 과정과 같았다. 문화는 상징들로 가득했으며, 하늘을 표현하는 여러 그림과 상이 땅의 형식들에도 등장했다. 다른 세상을 표현하는 갖가지 징후들의 반영이라 하겠다. 그러나 기술은 상징들에 대해 이질적이다. 기술은 말 그대로 현실주의이며, 아무런 상징도 반영하지 않는다. 기술은 새로운 현실을 창조하고, 새로운 현실은 전적으로 기술을 통해 표현된다. 덧붙여, 기술은 인간을 자연과 천상 세계에서 추출해 버린다.

2. 유기체와 조직

필자는 유기체Организм와 조직Организация을 구분한다. 유기체는 우주의 생명에서 태어나며, 시간의 흐름을 따라 순차적으로 발생한다. 탄생을 말하는 사람은 유기체도 말한다. 반면, 조직은 태어나지 않고, 발생하지 않는다. 조직은 인간 행동의 결과이며, 창조된다. 그러나 조직을 창조 형태 가운데 최고라고 말하기 어렵다. 유기체는 통합적이다. 유기체에서는 전체가 각 부분에 현존하며, 전체가 부분에 선행한다. 유기체는 성장과 자가 발전을 이룬다는 점에서, 작동 기제메커니즘와 다르다. 유기체 안에는 본래 내재된 목표와의 일치가 존재한다. 창조주나 자연이 유기체에 그러한 일치를 부여하며, 부분에 대한 전체의 우위가 그 일치를 규정한다. 반면, 조직은 조직자가 외부에서 삽입한 목적과 매우 다른 형태의 일치성을 확보한다. 작동 기제는 규정된 특정 목적을 위해 만들어지지만, 작동 기제 본래의 목적을 갖고 태어나지 않는다. 예컨대, 시계는 시간과 완벽히 일치되는 형태로 작용하는 작동 기제를 갖는다. 그러나 이러한 일치는 시계를 제작하고 조종 하는 사람에게 달린 문제다. 모든 작동 기제는 조직자를 바탕으로 작용하고, 나아가 조직자에게 예속될 수 있는 관성을 갖는다.

우리는 역사에서 생생한 유기체를 따라 조직된 신체들이 있었음을 확인한다. 가부장 질서, 자연 경제는 종종 유기체를 대표하며, 그 자체로 우리에게 영원한 것처럼 보인다. 사람들은 보통 유기체 질서를 인간의 창조물로 여기지 않고, 자연이나 창조주의 창조물로 여긴다. 사람들은 오랜 기간 동안 자연 질서의 존재를 객관적이고 불변의 것으로 믿었다. 인간의 삶은 이러한 질서에 부합하고 적응해야 했다. 말하자면, 우리는 규범적 특징을 자연적인 것에 귀속시켰다. 달리 말해, 자연적인 것에 순응했던 것을 올바르고 선한 것으로 보았다. 고대 그리스와 중세 시대 사람들은 불변의 우주, 위계 서열 체계, 영원한 "질서"의 존재를 생각했다. 아리스토텔레스와 토마스 아퀴나스도 그렇게 생각했다. 자연의 불변 질서라는 개념 자체가 객관적 목적론의 원칙에 연결된다. 18세기 말에 권좌權座에 앉은 기술이 이 영원한 질서에 대한 믿음을 파괴했다. 그것은 진화론보다 더 난폭하게 이 믿음을 부쉈을 뿐 아니라, 더 깊은 곳까지 파고들어 뿌리까지 제거하려 했다.

진화론은 변형을 인정한다. 그러나 오래된 자연 현실에서 발생하는 변형들만 인정한다. 생물학에서 나온 진화론은 진보 자체를 유기체의 과정으로 이해한다. 그러나 우리는 생물학의 시대를 살지 않고, 물리학의 시대를 산다. 우리는 다윈의 시대가 아닌 아인슈타인의 시대를 산다. 물리학은 생물학보다 유기체 자연 개념에 유리하지 않다. 19세기 중반의 생물학은 그 자체로는 "기계적"이었다. 그러나 생물학은 타 분야에서의 유기체 개념, 특히 사회학에서의 유기체 개념을 선호했다. 19세기 후반에 형성된 자연주의는 자연의 진화를 인정했다. 그러나 자연주의는 자연의 진화를 영원의 질서를 따라 이뤄지는 것으로 보았

다. 따라서 자연주의는 자연 법칙들의 원칙을 지켰다. 현대 과
학은 이 원칙의 중요성에 그리 집착하지 않는다. 현대 기술을 발
견하는 곳이 된 새로운 자연 현실은 진화의 산물이 아니다. 이
현실은 인간의 창조 활동과 재능이 빚은 결과물이다. 유기적 과
정의 결과가 아니다. 조직 과정의 결과다. 기술 시대의 모든 의
미와 범위가 바로 거기에 있다. 무엇보다 기술 지배를 나타내는
특징은 유기체적 삶에서 조직된 삶으로의 이동, 자연 식물의 삶
에서 인공 건설의 삶으로의 이동이다.

　유기체적 삶의 관점에서 볼 때, 기술은 탈脫육체화, 역사적
신체 내부에서 일어나는 파열, 육체와 정신의 분열에 해당한다.
기술은 새 질서를 창조한다. 앞으로 기술은 인위적으로 조직된
신체, 즉 '조직체'를 만들 것이다. 새로운 현실로 말미암아 발생
하는 모든 것은 인공 창조물이다. 이러한 현실은 무엇의 결과인
가? 바로 정신이 자연 속에서 분출한 결과, 이성이 우주의 과정
에 개입한 결과다.

3. 피조물의 반란

피조물이 창조주에 반기를 들고, 복종을 거부한다. 비극이 아닐 수 없다. 원죄의 신비가 바로 거기에 있다. 우리는 인류사 전 과정에서 이 신비를 발견했다. 인간의 프로메테우스 정신은 인간 자신의 생산물인 기술을 통제하지 않았다. 이 정신은 스스로 걸쇠를 벗기고 빗장을 풀면서 새로운 에너지를 끝없이 사용한다. 기계가 인간을 대체하자마자, 우리는 이 현상을 합리화7의 전 과정에서 관찰할 수 있다. 기술은 '비합리적 유기체 요소' органическииррациональное를 '합리적 조직체 요소'организованно-рациональным로 대체한다.

그러나 그 결과로 우리의 사회생활에 새로운 비합리적 현상들이 등장한다. 이 현상들로 인해, 산업 합리화는 우리 시대의 대재앙이라 할 수 있을 실업을 낳는다. 인간 노동의 세속적인 노력을 기계로 대체하는 상황은 노예제와 빈곤을 소멸시킬 수 있

---

7) [역주] 대량 생산 공장에서 이뤄지는 분업 형태 혹은 체계적 노동 배치 등에 해당하는 표현이다.

어야 할 적극적인 정복에 해당할 것이다. 그러나 기계는 인간의
요구 사항들에 복종치 않고, 거꾸로 자체 법칙들을 제시한다.
인간은 기계에게 "나는 더 편리한 생활과 능력 발전을 위해 네가
필요해."라고 말한다. 그러면, 기계는 인간에게 "내가 거기까지
신경 써야 해? 나는 [지금 기계 다루는] 너에게만 관심 있어! 잔
말 말고 가서 죽도록 일이나 해!"라고 답한다. 테일러 체제는 노
동 합리화의 극단적인 형태다. 그러나 이 체제는 인간을 완전한
기계 수준으로 격하시킨다. 기계는 인간이 자신의 형상과 모양
에 적응하기를 바란다. 그러나 인간은 신의 형상을 따라 창조됐
다. 인간이 인간으로 존재하기를 그치지 않는 이상, 그 형상에
다른 것을 반영할 수 없다. 기술과 연결된 조직은 기계로 변형될
수 없는 주체, 즉 '조직하는 주체'Организующий субъект를 전제한
다. 그럼에도, 현재 이뤄진 조직화 체계는 인간을 특정 작동 기
제로 바꾸려 한다. 기술과 기계를 만든 정신의 기술화와 기계화
는 근본적으로 불가능하다. 그리고 이 정신은 언제나 비합리 원

칙8을 간수할 것이다. 그러나 기술은 이 정신의 노예화와 합리화를 바라고, 자동인형автомата으로의 전환을 꾀한다.

바로 여기에서 인간이 기술을 통해 요리조리 변형한 자연과 인간 자신의 큰 싸움이 벌어진다. 무엇보다 인간은 자연계의 동식물에 의존하며 살았다. 그러나 자연계에서 해방된 인간은 다시 한 번 새로운 자연에 예속되고 말았다. 즉, 지금 우리가 목격하는 기술기계의 자연에 예속되고 말았다.9 문제에 서린 갖은 비극이 바로 이 때문이다. 인간의 심신心身 유기체는 [기술기계의 자연과] 다른 세계에서 만들어졌고, 옛 자연인 동식물 중심의 자연에 맞춰 살았다. 아직까지 인간은 기술과 기계에 의해 강요된 요구 사항들을 잘 따르지 않았다. 지금의 전기, 방사능과 같은

8) [역주] 기술과 기계를 중심으로 한 '조직 합리성'에 반대되는 '유기체 비합리성'을 가리킨다.

9) [역주] 베르댜예프의 이러한 시각은 기술이 자연 환경처럼 인간에게 제2의 환경이 됐다고 생각하는 베르나르 샤르보노나 자끄 엘륄의 시각과 닮았다. 다음 자료들을 참고하라. Bernard Charbonneau, *Le système et le chaos*: *Critique du développement exponentiel*, Paris, R&N Éditions, 2022[1973]; Jacques Ellul, *La Technique ou l'enjeu du siècle*, Paris, Economica, 2010[1954].

환경에서 과연 숨이나 제대로 쉬고 살 수 있을지, 동물체의 모든
온기를 빼앗긴 상태에서 차갑고 금속 재질로 이뤄진 새로운 현
실에서 살아갈 수 있을지 잘 알지 못했다. 우리 스스로 발견, 발
명한 물품들로 구성된 환경이 오히려 우리에게 얼마나 치명타를
입힐 수 있는지도 몰랐다. 이렇게 구성된 환경에 대해, 일부 의
사들은 위험하다고, 심지어 치명적이라고 주장한다. 인간 유기
체는 아무런 보호 장치 없이 자신의 발명품들과 마주했다. 파괴
도구들을 만들어 낸 인간의 재능은 의료 기술이나 치료 기술과
관련된 재능을 한 참 넘어섰다. 암이나 결핵 치료제 개발보다 독
가스 개발이 더 용이해졌다. 우리는 '비유기적 삶의 신비'쉽게 진
입한 모험과 신비의 세계보다 '유기적 삶의 신비'를 통과하기 더 어려
운 시대에 직면했다.

2장/새로운 현실

　　권력자가 된 기술과 기계로 인해 우리는 기존의 현실과 다른 새로운 현실을 발견한다. 이는 과학의 분류로 예측할 수 없었던 현실이며, 더 이상 기계의 현실이나 물리 및 화학의 현실과 유비되는 부분이 없는 현실이다. 사실, 새로운 현실은 자연이 아닌, 역사와 문명을 통해서만 알 수 있다. 이 현실은 복잡한 사회 발전의 결과물이기에 세계의 과정에서 발전에 발전을 거듭하며 당도하는 최종 층위이기도 하다. 이 현실에서도 기계, 물리, 화학적 특징을 담은 힘들은 여전히 작용한다. 그럼에도, 새로운 현실은 문명의 정점에서 태어난다. 예술 역시 기존에 없었던 새로운 현실을 창조한다. 돈키호테, 햄릿, 파우스트, 다빈치의 모나리자, 베토벤의 교향곡 등 예술 창작물이나 예술계의 영웅들이 새로운 현실의 존재와 운명을 구현했다고 해도 과언이 아니리라. 새로운 현실은 인간의 삶을 바탕으로 작용한다. 동시에, 새로운 현실을 통해 인간의 삶은 더 진중하고 묵직한 결과물을 배출한다. 그러나 예술로 표현되는 현실은 상징이라는 중요한 특성을 덧입는 반면, 기술로 창조된 현실은 상징을 발가벗긴다.

　기술이 부추긴 이 모든 변화는 기술의 반작용들을 감내하는 예술에도 반향을 일으켰다. 연극이 차지했던 자리를 잠식하며 그 영향력을 확장 중인 영화가 이를 증명한다. 그러나 영화 자체가 존재 가능한 이유는 경이로운 기술 발명품들 때문이다. 특히, 조명과 음향 분야에서 이 발명품들의 덕을 톡톡히 봤다. 아마 이전 시대 사람들이 이 발명품들을 봤더라면, 진짜 기적이라 불렀을 것이다. 영화는 연극에서 접근할 수 없던 공간들을 주인공 반열에 올렸다. 영화는 바다, 사막, 산을 복종시키고, 나아가 시간까지 복종시켰다. 필름과 무선 전송 장치T.S.F.의 매개로,

극장의 제한된 관객에게만 전달되던 배우와 가수의 공연이 특정 공간에 운집한 사람들에게도 전달된다. 바야흐로 온 세상 사람들에게 전달될 수 있는 시대가 열렸다. 이따금 사악하고 저질스러운 목적에 이용되기도 하는 이 도구들은 인류를 하나로 엮는 가장 강력한 수단들이다. 영화는 현대 기술에 내재된 이 실현 능력을 증명하는 최고의 증거 중 하나다. 영화를 통해 엿볼 수 있고 시공간 개념마저 바꾸는 새로운 현실은 인간 자신, 인간의 정신, 이성, 의지의 창작물이다. 이는 정신적 현실이나 심리적 현실이 아니며, 물리 세계를 초월한 현실이다. 심리 세계를 초월한 영역이 존재하는 것처럼, 물리 세계를 초월한 영역이 실제로 존재하게 됐다.

기술은 우주 생성론과 같은 너른 범위를 확보했다. 새로운 우주 창조가 기술을 통해 이뤄지기 때문이다. 라피트는 최근에 출간된 『기계 과학에 관한 성찰』에서 기계 왕국에 해당하는 조직체들의 무기체와 본래의 유기체 간의 공존 가능성을 역설한

다. 기계 왕국은 새로운 존재 범주를 구성한다. 이 왕국의 출현
은 본래의 생체인 유기체와 인위적으로 제작된 조직체의 구별과
밀접하게 연관된다. 기계가 물리 혹은 화학, 기계 공학의 현실
에서 배출되는 요소들로 이뤄진다는 점에서 보면, 기계를 무기
물 세계와 연계하는 일은 오류일지 모른다. 무기물 세계에는 기
계들이 존재하지 않는다. 우리는 사회 속에서만 기계들을 발견
할 뿐이다. 유기체들과 달리, 조직된 요소들은 인간 이전에 등
장하지 않았다. 이 요소들은 인간의 도래 이후에 출현했으며,
출처 역시 인간이다. 즉, 인간에게서 나왔다. 인간은 이 세계 안
에서 자신의 능력과 창조적이고 지배적인 소명을 드러냄과 동
시에, 자신의 약함과 노예로 전락하는 경향을 고발하기도 한다.
그렇게 인간은 "삶에" 새로운 현실을 "낳는" 법을 알았다. 기계
는 사회학의 의미뿐만 아니라 우주 생성론의 의미도 갖는다. 그
리고 남다른 예리함을 바탕으로 사회와 우주에서 인간의 운명
을 좌우할 수 있는 문제를 제기한다. 곧, 인간과 자연, 개인과

사회, 정신과 물질, 비합리적인 것과 합리적인 것의 관계 문제를 제기한다.

1. 정신 차원의 문제

아직까지 기술 철학과 기계 철학의 창조 문제를 깊이 생각하지 않았다는 사실이 놀랍다. 이미 이 주제를 다룬 책들은 꽤 많다. 그러므로 철학 연구의 길은 열려 있지만, 연구의 근본이 미약한 상태라 할 수 있다. 달리 말해, 철학자들은 아직 기계를 정신 차원의 문제나 인간 운명의 요소로 고려하지 않았다. 이들은 기계를 사회 기획과 같은 외부 요소 정도로 여길 뿐이다. 그러나 기계는 사회에서 살아가는 인간의 실존 철학Existenzphiloso-phie적 주제가 된다. 과연 인간은 영원해 보이는 물리 세계나 유기체 세계에서만 존재할 수 있는가? 아니면, 지금까지 미지의 영역이었던 다른 세계에서도 살아갈 수 있는가? 기술 철학의 제작은 바로 이러한 내용을 어떻게 이해하느냐에 달렸다. 왜냐면 철학적 지식에 앞서 정신적영적 경험으로도 문제를 해결할 수 있기 때문이다. 심지어 철학적 지식이 문제를 제대로 파악하지 못하는 경우에도, 정신적 경험에서 문제의 해법을 찾을 수 있다.

기술 시대란 무엇을 의미하는가? 또 인간의 운명에 새로운 우주가 도래했다는 말은 무엇을 의미하는가? 두 가지 모두 물질화 현상과 인간 정신의 죽음을 보도하는가? 만일 그렇지 않다면, 우리는 이와 다른 의미를 부여해야 하는가? 정신과 과거 시대의 유기체적 삶이 단절됐다. 즉, 생명이 기계가 됐다. 이러한 '단절'과 '기계화'는 세계 속에서 영성의 종말을 고했다. 유물론이 이토록 맹위를 떨친 시절은 없었다. 사람들은 역사 정신과 육체의 결합을 영원한 질서로 여겼고, 인간의 정신은 육체에서 분리돼 사라졌다. 이는 우리 중 대다수에게서 볼 수 있는 현상이다. 기술 시대는 사물들 속에 담겨 있는 선한 요소를 죽음으로 내몬다. 이와 연관해, 우리는 현재 소련이 겪는 상황을 매우 걱정스럽게 바라본다. 기술화의 세계로 질주하는 미국과 비교해,

소련의 기술화는 상대적으로 덜하다. 또 소련은 기술 구조에 대항해 고유한 정신 현상도 확보했다. 소련의 독창성은 바로 거기에 있다. 그러나 머지않아 소련도 미국의 뒤를 밟을 것이다. 정신 차리기 어려운 속도로 시시각각 바뀌는 상태를 뒤따를 가능성이 크다. 우리는 새로운 현실 및 새로운 형태의 정신과 마주했다. 이를 식별하려면, 소련이 가졌던 것과 같은 고유한 정신 현상이 있어야 한다. 그러나 그러한 정신 현상이 소멸되는 상황이고, 그 때문에 우리의 시름도 깊어진다.

   기술과 경제는 그 자체로 중립일 수 있다. 그러나 우리의 정신이 기술과 경제에 대한 어떤 태도를 갖는다면, 그것은 명백한 정신 차원의 문제가 된다. 가끔씩 우리의 삶에 기술 지배의 시대가 열리지 않았는지 곰곰이 생각해 본다. 다시 말해, 옛 사람들의 고귀한 정신이 농축된 지혜를 기술이 지배하는 시대가 되지 않았는지 생각해 본다. 정신과 이성의 기술화는 둘의 소멸로 이어질 수 있다. 기독교의 종말론은 땅과 세상의 변화를 성령의 활

동과 연결하지만, 기술의 종말론은 기계 도구들을 수단으로 땅
과 온 우주의 통제와 지배를 열망한다. 정의된 두 가지 입장들을
생각했을 때, 기독교의 시각과 영적 시각을 지닌 우리에게 기술
시대의 의미 문제는 얼핏 보면 매우 단순한 문제로 보일지 모른
다. 그러나 실제는 그렇지 않다. 이 세계에 존재하는 모든 것이
그렇듯이, 기술에도 요상한 이중성이 존재한다. 기술은 인간을
땅에서 찢어발기고, 세상의 모든 신비를 완강히 거부한다. 우리
의 어머니, 땅, 대모Magna Mater의 방향에서 보았을 때, 기술에 내
재한 현실주의актуализм와 반항심титанзм은 어머니의 젖을 빨 듯
대지의 열매를 수동적으로 먹고 누리는 이들 및 동물들과 식물
들의 존재 조건과 정반대다. 기술의 현실주의와 반항심은 유기
체 생명의 참살이를 파괴하며, 모든 생명체에 필요한 생명의 온
기마저 없앤다. 기술 시대는 이 땅의 역사 시대를 끝냈다. 즉, 땅
이 물리적 의미와 형이상학적 의미로 인간을 규정했던 역사 시
대는 기술 시대에 의해 종말을 고했다. 그러나 우리는 이러한 사

실에 앞서서, 기술 시대의 의미, 무엇보다 기술 시대의 종교적
의미에 주목해야 한다. 기술로 인해 인간은 지구를 특정 행성으
로 생각하게 됐다. 기술은 지구에 대한 기존의 관념과 전혀 다
른 관념을 인간에게 부여했다. 인간은 이 지구에게서 깊이, 안
전, 거룩함, 신비 등을 느끼는가? 혹은 지구가 무한히 침묵한다
고 생각하는가? 세상을 뒤덮은 식물 정도를 지구라 여기는가?
창공을 날아 성층권까지 가게 되면, 지구는 아무 때나 포기할 수
있는 개념인가? 차후 인간의 삶은 바로 이러한 시각들에 따라
현격히 달라질 것이다.

　우리의 의식을 통과한 이 변화는 이론적으로 말해 이미 근
대 초기에 일어났다. 코페르니쿠스의 체계가 프톨레마이오스의
체계를 대체했을 때, 지구가 우주의 중심이 되기를 멈췄을 때,
인간이 세계의 무한함을 발견했을 때, 그러한 변화가 일어났다.
파스칼은 "이 무한한 우주의 영원한 침묵이 나를 두렵게 한다."
라고 말한다. 고대의 우주와 중세의 우주, 토마스 아퀴나스의

우주와 단테의 우주는 사라졌다. 인간은 우주에서 어떤 서열을 차지했었고, 우주에 서린 높고 강한 힘들에 에둘렸다고 느꼈으며, 자신의 모자람을 채웠고, 무게 중심을 자아와 주체 안으로 옮겨와 지지대를 찾으려 했었다. 그러나 지금 인간은 이 우주를 상실했고, 그러한 상실을 자기 손해라고 평가한다. 새로운 역사의 이상론을 외치는 철학은 잃어버린 우주를 되찾고 우주에서 인간의 부족분을 보강하려는 욕구의 표출이다. 그러나 기술은 '실현'[10]이라는 막강한 힘을 누리고, 지구를 중심으로 한 옛 우주관의 철저한 파괴를 체감하도록 한다.

이 모든 것이 현대인의 생활양식에 혁명을 일으킨다. 현대인은 이중성과 모순으로 점철된 기술의 결과물에 열심히 적응

---

10) [역주] 훗날 기술에 대한 날카로운 분석을 진행한 자끄 엘륄도 베르댜예프의 이러한 시각을 공유한다. 엘륄은 기술에 전이된 신성함을 문제 삼으며, 기술은 추상적이지 않고 바라는 것을 '실현'하면서 사람들의 '기술 신앙'을 더 공고히 하는 부분을 짚는다. 기술은 구체적인 물품과 결과물을 실현의 근거로 제시하면서 추상과 관념으로 점철된 세상을 비신격화한다. 그러나 그 과정을 거치며 결국 자신이 새로운 신성의 자리에 오른다. 자끄 엘륄의 다음 책을 참고하라. 자끄 엘륄, 『새로운 신화에 사로잡힌 사람들』, 박동열 역, 대장간 2021.

중이다. 만일 인간이 공간과 세계의 무한함을 두려워하고, 우주의 중심이 되기를 멈추면서 미세 먼지 정도의 상태로 축소된다면, 굴욕감과 상실감에 시달릴 것이다. 인간의 반항심을 담은 기술의 힘은 인간에게 자신의 위대함을 느낄 수 있는 감정도 줄 것이며, 언젠가 무한한 우주를 지배할 수 있다는 소망으로 인간과 소통할 것이다. 사실상 인간이 지구의 주인이 되고 지구를 다스린 첫 번째 사건이다. 심지어 인간은 온 우주까지 다스리는 주인이 됐다. 따라서 시간과 공간에 대한 인간의 태도는 급격히 바뀌었다. 한 때 인간은 이 땅과 우주에게 짓밟힐까 두려운 나머지 자신의 어머니지구를 꽉 붙들며 살았다. 그러나 이제 인간은 더 이상 어머니지구의 품에서 멀어지는 일을 두려워하지 않는다. 오히려 인간은 그 내용물들을 지배하기 시작한다. 어머니의 보살핌과 보호 없이도 할 수 있다는 사실이 인간의 성숙을 증명한다면, 그것은 동시에 기술을 통해 아낌없이 받은 혜택의 반대급부로 감당해야 할 힘든 싸움을 의미하기도 한다. 기계는 언제나 상반된 두 가지 특징을 보인다. 첫째, 기계는 편리함과 편안함을 보장한다. 둘째, 기계는 엄격함суровость과 대범함бесстрашия을 요구한다.

고대 문화 가운데 가장 완성도 높았던 문화도 제한된 공간에 그쳤고, 그 문화권에 속하는 사람도 한정되었다. 고대 그리스 문화, 이탈리아의 르네상스 문화, 17세기 프랑스 문화, 19세기 초반의 독일 문화 모두 마찬가지였다. 우리는 이 문화들에서 귀족제 문화 원리의 징후와 소수 특권층이 누리던 문화 원리의 지표를 본다. 그러나 이 문화들도 대중들 앞에 서면 무기력하기 짝이 없었다. 왜냐면 이 특권 문화들은 대중들에게 속한 방법이나 수단을 소유하지 못했기 때문이다. 그러나 기술은 광범위한 공간과 무수한 사람들을 지배한다. 기술의 주권은 사물 전체에 이르는 보편 주권이다. 기술 시대 사회학의 범위가 바로 거기에 있다. 기술의 원칙은 민주적이다. 기술 시대는 민주주의 시대эпоха демократии이며 사회화 시대эпоха социализации다. 고대 문화에서 유기체의 삶을 살았던 집단들은 기술 시대를 만나 모조리 조직체로 얽힌다. 종교적 금기로 받아들였던 채식 생활은 현대식 대중 조직과 같은 형태의 대중 조직을 요구한 적이 없다. 가장 안정된 형태의 질서조차도 대중들과 유기적으로 얽히고설키면서 유지됐다. 기술은 현대인에게 막강한 힘을 선사한다. 기술자체가 권력 의지와 팽창 의지의 산물이다. 유럽의 자본주의를 낳았던 이 팽창 욕구는 대중들을 역사적 삶에 참여시킨다. 과거의 유기체 질서는 무너졌고, 기술에 의해 만들어진 새로운 조직체가 부과된다.

2. 이상주의적 반응

조직된 대중들의 삶을 나타내는 새로운 존재 양식인 '기술화'는 옛 문화의 아름다움, 개별화, 독창성을 파괴한다. 모든 것은 획일적인 형태로 집단화 되고, 다양한 인격의 지문을 지운 단일 측정기에서 제조된다. 물건 제조가 끊이지 않는 연속 생산의 시대, 인격을 담은 얼굴을 지운 익명의 생산 시대라 할 수 있다. 개성을 결여한 삶의 외피와 조형적 측면만 이러한 운명을 겪지 않는다. 삶의 내면과 정서도 같은 운명에 처한다. 따라서 우리는 미학과 도덕적 동기에서 영감을 받아 이 시대에 반항한 러스킨과 톨스토이의 대응도 쉽게 이해할 수 있다. 기술에 대한 이들의 대응은 다분히 이상주의적이다. 그러나 이상주의에 머물며 기술을 맹비난하는 이들의 방식은 무기력하고, 결과적으로 따르기 힘든 방식이다. 기술에 대한 총체적 부정을 단행하지 못한 채 원시적이고 후진적인 형태의 방어에만 급급한 모양새이기 때문이다.

사람들은 증기 기관과 철도에 불만을 제기하고 크게 항의한 적이 있었다. 그러나 지금 우리는 그 시절을 까맣게 잊었다. 이제는 증기 기관과 철도와 화해했다. 비행기로 이동하면서 얻을 수 있는 이점들을 부정하면서도 철도와 자동차는 이용할 수 있다. 지하철을 애용하지 않아도, 도심 전차에는 기꺼이 탑승할 수 있다. 유성 영화에 동의하지 않아도 무성 영화는 즐겁게 감상한다. 이러한 일련의 사례들에서 알 수 있듯이, 우리는 기계에 무지했던 옛 시대의 문화들을 이상화하는 경향을 보인다. 왜곡되고 짓눌린 우리의 삶에서 충분히 이해 가능한 경향이다.

그러나 우리가 망각한 부분이 있다. 첫째, 과거의 삶이 인간과 동물에 대한 끔찍한 착취, 예속, 노예제와 연결되었다는 부분을 잊었다. 둘째, 기계가 이러한 노예 상태에서 해방을 가져 올 도구가 될 수 있다는 점을 잊었다. 과거의 이러한 이중성을 고스란히 묘사한 작품이 있다면, 아마도 푸쉬킨의 시 「마을」 Деревня일 것이다. 이 위대한 시인은 러시아 시골의 형언할 수 없는 매력을 그리다가 느닷없이 자신이 인간 노예제와 끔찍한 죄악의 당사자라는 사실을 떠올린다. 과거에 대한 이상화는 우리에게 시대의 역설을 가감 없이 폭로한다. 우리를 유혹하는 과거 시대에는 추태와 불의도 포함된다. 그럼에도 우리의 창조적 상상력은 이것들을 가뿐히 뛰어 넘었고 깨끗이 청소했다. 그러나 이렇게 이상화된 과거는 실제 과거에 결코 존재하지 않았다. 모든 과거는 우리가 사는 현재라는 전체의 한 조각일 뿐이다. 과거 자체에는 추태와 불의도 포함된 또 다른 현재가 있다. 이로 인해, 우리는 [과거에 대한 이상화에 해당하는] 영원한 것을 사랑할 뿐이라는 점이 입증된다. 따라서 과거로 되돌아갈 수 있는 가능성은 없으며, 그것을 열망하는 것도 무의미하다. 우리의 뇌리에서 이상화된 영원한 과거를 결코 영원하다고 할 수 없다. 또 창조성과 변형 능력을 갖춘 우리의 기억 활동이 과거 시대의 어두운 부분을 지우고 해방을 가져올 뿐이다. 우리는 이를 망각하지 않아야 한다. 그래야 그나마 영원한 과거로의 회귀를 바랄 수 있을지 모른다.

우리는 러스킨이 꿈꿨던 자연 경제, 가부장 상태, 농업 경제, 수공업 경제의 지배로 되돌아갈 수 없다. 그러한 회귀를 상상할 수도 없다. 현대인에게 그것의 실현은 불가능하다. 현대인은 자기의 운명을 성취해야 한다. 역사에서 제 역할을 하라고 호출된 지금의 집단들은 새로운 조직 형태와 생산 도구들의 끝없는 변환을 요구한다. 그러나 현재의 "기술 시대"технической эпохой도 영원하지 않다. 기술이 인간의 영혼을 지배하는 이 낯선 시대도 언젠가 종말을 고할 것이다. 기술 시대의 종말은 기술에 대한 완강한 부정에 의해서가 아니라, 기술을 정신에 예속시킴으로써 일어날 것이다. 인간은 이 땅에 고착된 상태에 머물 수 없고, 모든 부분에서 거기에만 의존할 수 없다. 하지만 인간이 우주에서 살아가려면 결코 땅에서 분리될 수 없음을 알아야 한다. 농업 경제가 없으면 인간의 생존은 불가능하므로 농업 경제를 보존하는 것처럼, 인간은 이 땅과의 관계도 보존할 것이다. 세상의 종말과 대대적인 변화가 일어나기 전에 낙원에 다시 들어갈 일은 없다. 인간에게 그럴 일은 없겠지만, 에덴에 대한 기억과 향수는 언제나 남아 있을 것이다. 마치 자연, 정원, 꽃, 예술에 낙원의 흔적이 남아 있는 것처럼 말이다. 인간과 자연의 영혼을 연결하는 이 내적 관계에서, 인간과 자연이 기술과 맺는 관계들의 다른 측면을 보아야 한다. 오늘날 기술은 이 관계를 진압했다. 기술은 자연 뿐만 아니라 인간도 변형시킨다.

우리는 인류의 미래를 통일성 있는 것으로 생각할 수 없다. 인류의 미래는 다양한 모순들로 형성될 것이다. 우리는 기술과 기계에 대한 큰 반발을 잘 안다. 더불어, 근원적인 자연 상태로 되돌아가려는 갈망에 대해서도 잘 안다. 기계와 기술이 결코 사라지지 않는다고 하여도, 인간은 이 땅에서 자신의 길을 뚜벅뚜벅 걸어갈 것이다

3장/기술의 진짜 위험

기계가 인간에게 노출시키는 가장 심각한 위험은 무엇인가?

우리는 기계가 우리의 정신과 영적 생활을 위협하는 존재라고 생각하지 않는다.[11] 기계와 기술은 인간의 심령 차원의 생활, 무엇보다 정서와 감성적 삶을 훼손한다. 현대 문명에서 심리정서적 요소는 억압됐다. 과거의 문화가 방치하고 괴롭히고 퇴색케 했던 사람의 몸을 위험에 빠뜨렸다고 말할 수 있다면, 기계기술 문명은 무엇보다 영혼마음에 치명타인 것처럼 보인다. 심장은

---

11) [역주] 베르댜예프는 기계나 기술이 인간의 고차원 지성인 "정신" 혹은 "영성"이 아닌 동물적 감성과 정서의 차원인 "마음" 혹은 "영혼"에 더 큰 위험을 노출시킨다고 주장한다.

차가운 금속과의 접촉을 거의 견디지 못하며, 금속으로 이뤄진
환경에서 살 수 없다. 의심할 나위 없이 영혼의 핵 자체가 사그
라지는 중이다. 그러한 과정들이 금세기의 지표들이다. 영혼을
가진 생명의 종합 기관인 심장은 프루스트나 지드와 같은 금세
기 프랑스 유명 작가들의 사상에도 결여되어 있다. 기계 문명으
로 인한 감성 질서의 파괴를 지적하고 감성 질서의 복원을 외친
카이절링의 생각이 매우 타당하다.12 기계는 인간과 문화에 대
한 인문주의 개념과 이상을 강타하고 의혹을 제기한다. 기계는
그 본성상 반인문주의적이다. 기술은 인문주의적 학문과 정반
대의 학문 개념을 가지며 인간을 통합적 존재로 보는 개념과 갈
등을 빚는다. 이 대목에서 우리는 다시 한 번 영혼에 관한 태도
문제와 만난다. 독자들은 기술이 정신영보다 영혼마음에 더 위험

---

12) [역주] Cf. Hermann von Keyseling, *Südamerikanische Meditationen*,
Deutsche Verlags-Anstalt, Berlin/Stuttgart, 1932. 헤르만 폰 카이절링
(18801946)은 현 에스토니아에서 태어난 독일 철학자다. 대표작으로 『어
느 철학자의 여행기』(*Das Reisetagebuch eines Philosophen*, 1919)와 『기
술로서의 철학』(*Philosophie als Kunst*, 1920)이 있다.

하다는 필자의 주장에 놀랄지 모르겠다. 왜냐면 우리가 사는 시대는 기술의 시대임과 동시에 정신의 시대이기 때문이다. 현대 기술의 종교적 의미는 (1) 기술이 모두의 삶을 영적 문제의 징후 하에 둔다는 부분, (2) 기술이 영성을 이끌 수 있다는 부분, (3) 그러므로 기술이 영성의 긴장을 요구한다는 부분에 있다.

　기술은 더 이상 중립이 아니다. 이미 오래된 이야기다. 기술은 더 이상 중립이 아닐뿐더러, 정신 및 정신 관련 문제들과도 무관하지 않다. 요컨대 기술은 결코 중립 상태에 머물지 않는다. 물건들이 중립적인 것처럼 보인다면, 표면상으로만 그럴 뿐이며 그 기간도 매우 짧다. 기술은 인간의 영혼을 가격하지만, 인간의 정신은 기술의 그러한 가격에 강하게 반발한다. 기술에게 자신을 내맡긴 인간의 영혼은 기술의 성장에 대해 취약성과 무방비 상태를 노출하는 반면, 인간의 정신은 충분히 강력한 힘을 갖추고 기술의 성장에 대해 우위를 점한다. 기술은 [정신적] 인간을 [오히려] '세계 창조자'космиуром로 만든다.

기술이 인간의 손아귀에 있었다는 점과 과거의 무기들이 아이들의 장난감이 되었다는 점을 비교해 보라. 전쟁 기술을 생각해 본다면, 그것은 더욱 특별한 일일 것이다. 과거의 무기들로는 대도시를 완전히 붕괴시킬 수 없었다. 대포, 기관총, 사람들이 더 이상 사용하지 않는 구식 검으로는 문화의 존재 자체를 위험에 빠뜨리는 일이 불가능했다. 이 무기들의 파괴력은 제한적이고 국지적이었다. 그러나 오늘날 기술은 모든 것을 파괴할 수 있는 가능성과 능력을 갖췄다. 그리고 기술은 모든 영역에서 가공할만한 힘을 인간에게 건넸다. 모든 것을 얼마든지 파괴하고도 남을 힘이 될 수 있다. 머지않아 평화로운 학자들이 [이러한 기술들을 무기 삼아] 역사와 세계에 격변을 일으킬지도 모를 일이다. 인간은 기술 발명의 비밀을 소유하고 온 인류의 운명도 손에 쥐게 됐다. 또 우리가 쉽게 상상할 수 있고 에른스트 르낭도 예고했던 우발적 결과까지 좌우하게 됐다. 인간이 세계를 지배하고 인류와 문화의 일부를 없앨 수 있을 힘을 확보한다면, 이제 모든 것은 그러한 인간이 지닌 정신 상태와 도덕 상태에 달렸다. 덧붙여, 기술의 힘이 목적지로 삼는 곳과 그 힘에 바람을 불어 넣을 정신 문제에 달렸다. 그러므로 궁극적으로 기술 문제는 정신의 문제와 종교의 문제가 된다. 그리고 이 문제의 해결책이 향후 인간의 운명을 좌우할 것이다.

우리는 기술의 이중성을 결코 잊지 말아야 한다. 기술의 경이로운 결과들은 정신의 강화를 요구한다. 즉, 과거의 문화 시대에 있었던 힘보다 더 큰 힘이 필요하다. 인간의 정신 능력은 더 이상 유기체 차원과 식물 차원의 특징을 지키기 어렵다. 우리는 내적으로나 외적으로 새로운 영웅심을 필요로 한다. 새로운 영웅심은 더 이상 군사적 영웅심이 아니다. 군사적 영웅심은 이미 종말을 고했고, 지난 전쟁 기간에도 이미 존재하지 않았다. 이제 필요한 새로운 영웅심은 우리에게 기술을 요구하며, 우리는 날마다 일상에서 그 영웅의 출현을 목도한다. 새로운 영웅심은 작업실과 연구소를 박차고 나와야 할 지식인들의 영웅심이

기도 하다. 그것은 '성층권까지 올라가고 심층 해양을 탐사하라'는 요구를 듣는다. 항공기로 떠나는 대담한 비행과 차디찬 폭풍과의 싸움에 마주할 수 있는 영웅심이 필요하다. 인간의 영웅적 행동들은 우주 영역들에까지 전달됐다. 그러나 인간에게 가장 우선시돼야 할 힘은 뭐니 뭐니 해도 '정신영적 힘'이다. 다시 말해, 기술에 대한 예속을 피하고 기술에 의해 소멸되지 말아야 할 정신적 힘이 인간에게 제일 먼저 요구되는 힘이다. 어떤 의미에서, 거기에는 죽느냐 사느냐의 문제가 있다고 말할 수도 있으리라.

　　이따금 우리의 정신에는 상상만 해도 끔찍한 유토피아가 출현한다. 우리는 완성도 높은 기계들이 자동으로 작동하고 수익을 최대로 끌어 올릴 수 있는 시대에 이를지 모른다. 공장들은 현기증 날 정도의 빠른 속도로 물품을 제조하고, 자동차와 비행기는 속도를 다툰다. 무선 송신기, 즉 라디오는 온 세상에 음악을 송출하고 작고한 위인들의 이야기를 반복한다. 인간 자체가 기계로 바뀐다면, 인간은 사라질 것이다. 왜냐면 인간도 기계처럼 시간이 지나면 쓸모없는 존재가 될 것이고, 기계가 된 이상 호흡과 혈액 순환이 불필요하게 될 것이기 때문이다. 결국 자연은 기술에 예속될 것이며, 기술이 만든 새로운 현실만이 이 세계의 삶에 남을 것이다. 그 세계에는 인간의 삶도 유기체의 삶도 존재하지 않을 것이다. 인간이 이 끔찍한 운명을 피하거나 감내하려면, 결국 인간 속에 내재한 정신력영적 능력의 수준이 관건이다. 기술화технизации와 기계화машинизации의 배타적인 힘은 우리를 이 한계선으로 끌고 간다. 즉, 기술이 완벽하게 작동하는 세계 속에서 우리는 있으나마나한 '비존재'небытию가 된다.

우리는 기계의 자율성을 용납할 수 없다. 또 기계에게 완벽한 행동의 자유를 부여하는 것도 용납할 수 없다. 기계는 정신에 예속돼야 하며, 정신적 가치들에 복종해야 한다. 모든 것이 생명 속에 있어야 한다. 그러나 인간의 정신이 이 막대한 임무를 끝까지 수행하려면, 첫째, 인간의 정신은 결코 고립된 상태에 있어서는 안 된다. 그리고 둘째, 인간이 오로지 자기 자신만 믿어서도 안 된다. 마지막으로, 인간의 정신은 신과 연결되어야 한다. 그 때라야 비로소 인간의 정신은 그 임무를 완수할 수 있다. 다시 말해, 인간 속에 신의 형상образ Божие, imago Dei과 신의 모양подобие Божие, similitudo Dei이 여전히 남아 있다는 조건, 즉 인간이 인간으로서 존속한다는 조건에서만 임무 완수가 가능하다. 바로 여기에서 기독교의 종말론과 기술의 종말론 사이에 결코 좁혀지지 않는 대립각이 형성된다.

4장/기술과 영혼

기술의 힘은 인간의 삶에서 종교 생활의 성격 자체를 뿌리째 바꿨다. 필자는 이를 최선이라고 솔직하게 인정한다. 기계의 시대에 종교의 옛 형태들이 나날이 사라지는 중이다. 즉, 관습적인 형태, 세습으로 내려온 형태, 사회가 조건 지웠던 형태는 점점 사라진다. 종교의 주제도 변한다. 기계 시대에 종교의 주제는 기존의 사회 전통이나 식물유기체적 존재 양식에서 동떨어졌다. 기술기계의 시대는 예전보다 더욱 내면적이고 영적인 기독교를 요구한다.13 더불어 이 시대는 사회적 최면 상태에

---

13) [역주] 물질화, 수치화, 기계화된 사회 분위기와 일상에서 비가시적 생명력과 깊은 정신세계, 자기 성찰 등에 대한 요구가 자란다. 인간은 지정의(知情意)로 이뤄진 입체적인 존재이며, 육체와 정신의 단일체이기 때문이다.

서 벗어나라 요구한다. 불가피한 과정이다. 따라서 현대 세계
에서 세습 유산, 민족, 가족, 사회의 영향력에 따라 규정된 종
교의 형태를 보존하기는 불가능하다. 종교 생활은 더욱더 개인
인격체личной 14의 모습을 보인다. 그것은 [옛 형태의 붕괴를] 고
통스럽게 참아내며 얻은 결과물이다. 기계기술 시대의 종교 생
활의 규정 요소는 바로 정신영이다. 물론 이것이 종교 개인주의
религиозного индивидуализма를 의미하지는 않는다. 왜냐면 종교
의식 자체의 보편성과 교회의 성격은 사회학적 특성을 갖지 않
기 때문이다.

　　그러나 기술의 힘은 영적 삶과 종교적 삶에 치명적인 결과
를 낳을지 모른다. 왜냐면 인간이 기술 덕에 시간을 제어할 수
있게 된 반면, 기술의 현실성은 시간을 걷잡을 수 없는 가속도

---

14) [역주] 여기에 사용된 러시아어는 '얼굴, 안면'을 가진 구체적인 개별자, 인
　　격체를 뜻한다. 사회학에서 통용되는 '더 이상 나눌 수 없는 고유 존재로
　　서의 개인'과 같은 개념화된 의미의 개인이 아닌, 생생한 삶의 현실을 담은
　　의미의 개인이다. 따라서 인격체로서의 개별성을 의미하는 용어로 번역한
　　다.

에 예속시켰기 때문이다. 광폭 질주와도 같은 속도의 시대에 키르케고르의 '순간'Augenblick 15과 같은 '멈춤'의 순간은 그 자체로 유의미하다. 이러한 순간 혹은 멈춤은 시간에서 해방돼 영원과 교통하기 때문이다. [기술의 현실에서] 한 순간은 가능한 제일 빠른 속도로 또 다른 순간으로 대체돼야 한다. 모든 것은 시간의 흐름을 따라야 하며, 결국에는 유야무야有耶無耶 사라진다. 무의미하고 덧없는 본능은 그 자체로 공허할 뿐이다. 다음에 도래할 순간의 방향은 결정됐고, 그것과 다른 방향은 이 결정에 포함되지 않기 때문이다. 속도로 인해 시간을 통제할 수 있게 됐지만, 그러한 시간 통제는 결국 굴종과 맞물린다. 말하자면, 기술의 현실성은 영원을 파괴하며, 인간이 영원을 향해 도약하지 못하도록 족쇄를 채운다. 인간은 영원을 누릴 수 있는 시간을 상실한다. 이는 오로지 과거에서만 영원을 봐야한다는 뜻이 아니다. 또한 영원을 미래에 의해 소멸될 것으로 여겨야한다는 말도 아

---

15) [역주] 쇠얀 키르케고르, 『순간』, 임춘갑 역, 치우, 2011.

니다. 미래가 영원에 속하지 않는 것 이상으로 과거도 영원에 속하지 않는다. 과거와 미래는 시간의 일부분이다. 다른 모든 시간과 마찬가지로, 과거와 미래에도 영원으로 탈출할 가능성, 그 자체로 가치 있는 순간으로 탈출할 가능성은 항상 존재한다. 그렇기에 시간이 기계의 속도에 복종하지만, 기계에 의해 극복되거나 정복되지 않는다.

인간에게 제기되는 문제가 있다. 바로 영원, 신성, 아름다움에 대한 명상의 문제다. 정확히 말해, 이러한 명상의 순간들을 어떻게 가능케 하며, 어떻게 지킬 것인가를 아는 문제가 기계와 기술 시대에 인간에게 제기되는 문제다. 이러한 기계와 기술의 현실성은 활동해야 한다는 말로 인간을 호출한다. 인간은 활동해야 한다. 이것이 이 시대가 품은 진실이다. 그러나 인간은 깊게 생각할 수 있는 능력을 갖춘 존재, 즉 '명상하는 존재'이기도 하다. 명상하는 존재인 인간은 "자아"를 규정할 수 있는 요소들을 차례차례 곱씹을 수 있는 존재다. 명상, 즉 신과 마주했을

때 갖는 인간의 태도에는 창조적 행위가 존재한다. 따라서 우리
는 인간에게 새롭게 제기되는 문제의 위치를 파악할 수 있다. 그
위치는 '현 시대 문명의 모든 불쾌감이 이전 시대에 유산으로 물
려받은 우리의 정신 구조'와 '우리가 피할 수 없는 새로운 기술
현실' 사이의 불균형 가운데 형성됐다. 그리고 이로 인해 우리는
제기된 문제의 위치를 더욱 확신하게 됐다. 인간의 영혼은 현대
문명의 요구를 지지할 수 없다. 인간을 기계로 만드는 경향으로
내달리는 이 놀라운 생활 속도를 견딜 수 없다. 그리고 이를 겪
는 과정은 끔찍하리만큼 고통스럽다.

　　현대인은 운동으로 자기 몸을 단련하고 강화한다. 인류학
적 퇴행에 맞서기 위해 현대인은 운동을 활용한다. 우리는 운동
의 긍정 가치를 부정할 수 없다. 이 긍정 가치를 통해 우리는 인
간 신체에 대한 고대 그리스의 태도를 다시 발견할 수 있기 때문
이다. 그러나 인간이 [육체와 영혼이 조화를 이룬] '온전한 인간'
이라는 생각에 종속되지 않는 태도라면, 그것 역시 인간을 파괴

시키는 도구로 전락할 수 있으며, 조화는커녕 기형을 초래할 수 있다.

    기술 문명은 그 원리 자체로 비인격적이다. 이 문명은 인간에게 활동을 요구한다. 그러나 기술 문명은 인격에 해당하는 것과 대립하는 문명이다. 지적 의식을 확보한 개인의 특성이 그 권리들을 유지하는 데 극도의 어려움을 겪는다. 인격은 사사건건 기계와 대립한다. 무엇보다 기술 문명은 다양한 형식들을 현란하게 선보이면서 그 속에 일치와 통합을 추구하려 한다. 기술 문명은 일치와 통합의 대리자다. 이 문명은 고유의 목적을 스스로 정한다. 결코 구성 요소, 수단, 도구 취급을 받지 않으려 한다. 기술 사회가 구체적으로 요구하는 사항은 다음과 같다. 기술 사회는 인격체로서의 인간을 저지한다. 즉, 인간이 전일全一성과 통일성을 갖춘 존재, 인격을 담은 존재로 살지 못하도록 온갖 것들을 만든다. 우리는 '도덕적 인격과 기술 문명', '인간과 기계' 사이의 끔찍한 갈등이 불거지는 전장의 입구에 발을 디뎠다. 기술은 살아있는 모든 것과 존재하는 모든 것에게 언제나 냉혹하다. 기술은 동정과 공감을 무시한다. 그러나 기술이 무시하는 이 동정과 공감이야말로 삶에서 기술의 주권을 제한하는 중요한 요소들이다.

자본주의 문명에서 승자가 된 기계중심주의는 무엇보다 가치들의 탁상을 뒤집었다. 나아가 가치들의 위계를 재건하려는 세력을 진압했다. 과거의 정신 구조와 유기체 현실로 회귀한다고 하여 해결될 문제가 아니다. 하지만 인간은 기독교의 양심에서나 인간적 양심에서나 이러한 기술 문명의 특징과 거기에서 파생되는 결과들을 지지할 수 없다. 기술 문명의 결과들은 인간의 존엄성과 양립할 수 없다. 그것은 인간의 형상 자체를 구하는 중대 사안이다. 인간은 창조 세계의 영속성을 위해 부름을 받았다. 어떻게 보면, 인간의 창조 작업은 신의 창조가 끝난 제7일 이후에 펼쳐지는 제8일의 작업이다. 인간은 땅의 왕과 주인이라는 운명을 안고 산다. 그러나 사물들의 거침없는 반격으로 상황이 역전되고 말았다. 인간이 만들었던 작품, 인간의 관리를 받아야 할 작품이 이제 인간을 노예로 부리고 훼손시킨다. 과거의 인간은 스스로를 영원한 존재로 여겼다. 인간은 영원의 한 요소 16를 담은 존재였지만, 인간 자체가 영원의 요소는 아니다. [이제] 새로운 인간이 고개를 들어야 한다. 그리고 우리에게는 과거보다 더 풀기 어려운 숙제가 생겼다. 곧, 새로운 인간이 이전 시대의 인간들과 어떤 관계가 있는지를 밝히는 문제보다 영원한 인간에 대해 새로운 인간이 어떤 태도를 취해야 하는지를 규정하는 문제가 생겼다.

　　인간 안에 있는 영원한 것은 바로 신의 형상이다. 그것만이 사람을 인격으로 만든다. 인간 안에 어떤 정적인 상태가 존재했다는 식의 이야기가 아니다. 인간 안에 있는 신의 형상이란 자연스럽게 활동하는 존재를 의미한다. 신의 형상은 역동적으로 자기를 노출하고 긍정한다. 이러한 모습은 '새사람'이라는 이름으

---

16) [역주] 대표적으로 '신의 형상'(*Imago Dei*)을 담은 인간을 이야기할 수 있다.

로 옛 사람에 맞서는 질긴 투쟁과 같다. 그러나 기계중심주의는 자기의 형상을 신의 형상으로 대체하려 한다. 이러한 기계중심주의는 새로운 인간을 창조하지 않고, 오히려 파괴하고 소멸시킨다. 기계중심주의는 인간을 다른 존재로 대체한다. 그리고 대체된 다른 존재의 실존은 더 이상 인간적이지 않다. 문제의 모든 비극이 바로 거기에 있다.

인간은 기계를 만들었다. 인간은 자신의 힘과 존엄성을 표출하는 데 큰 자부심을 갖는다. 그러나 이러한 자부심이 불현 듯 굴욕으로 바뀌었다. 새로운 존재는 더 이상 사람냄새 나지 않는 불특정 존재를 부를 수 있다. 인간이 옛 세상에 속하지 않고 새 세상에 속한 탓이다. 새롭게 조성된 세상에서 인간의 변화는 불가피하다. 이 세상은 인간으로서의 인간이 아닌 다른 형태의 존재를 부른다. 인간은 대체됐다. 솔직히 어느 시대마다 인간의 변화는 존재했다. 시대의 변화 과정에 따라 인간은 "옛 존재"에서 "새 존재"로 이동했다. 그러나 그러한 변화의 시대에도 인간은 영원과 접촉했고, 영원에 기초해 새로운 인간이 생성됐다. 그러나 영원과 완전히 단절하게 된 [기계중심주의 시대의] 새로운 인간은 새로운 세상에 대한 통제권과 지배권을 독점하기 위해 저도 모르는 사이에 비인간적으로 바뀌어 간다. 이미 우리는 이러한 비인간화의 과정을 보는 중이다. 이에 제기되는 질문은 다음과 같다. 과연 인간은 생존할 운명인가? 아니면, 사라질 운명인가? 늙은이 취급당하면서 사라질 것을 종용 받을 운명인가 아니면 여전히 그 가치를 인정받을 운명인가? 성서와 고대 그리스는 우리에게 자의식을 갖춘 인간의 출현을 보여줬다. 자의식을 갖춘 인간이 출현한 이래로 이렇게 진퇴양난에 처한 적은 없었다. 유럽의 인문주의는 인간 본성의 영원한 원칙들을 믿었다. 그리스로마 세계를 통해 그러한 믿음이 유럽의 인문주의에 전달됐다. 한편, 기독교는 인간을 신의 피조물이라 믿는다. 인간은 그 안에 신의 형상을 담은 존재이며, 신의 아들이 인간을 죄에서 구속했다. 이러한 인문주의의 믿음과 기독교의 믿음은 인간의 마음에 보편성 개념을 강화했다. 그러나 오늘날 이러한 믿음은 크게 흔들리는 중이다. 새로운 세계는 단지 비기독교화дехрист-ианизируется에 만족하지 않는다. 비기독교화를 넘어 비인간화д-егуманизируется로 내달린다. 기술의 괴력으로 발생하는 문제의 심각함이 바로 거기에 있다.

『공통 과제의 철학』Философии общего дела을 쓴 천재 사상가 니콜라이 표도로비치 표도로프Николай Фёдорович Фёдоров는 독특한 방식으로 이 문제를 해결하려 했다. 표도로프도 마르크스와 엥겔스처럼 철학을 이론 차원의 지식에 국한하지 않고, 능동적인 세계 변혁의 과제와 연결한다. 다시 말해, 철학은 세계의 변혁이요, 변혁을 위한 투신이어야 한다. 인간은 자신을 죽게 하고, 규제하고, 자신의 사회적 삶과 보편적 삶을 결정하는 자연 속에 담긴 우주적 힘들을 지배하라는 부름을 받았다. 표도로프는 정교회에 속한 그리스도인이었다. 그리고 죽음에 대한 승리와 모든 고인들의 소생을 목표로 삼은 그의 "공통 과제"는 기독교 사상을 그 토대로 삼았다. 그러나 동시에 그는 과학과 기술도 신뢰했다. 과학과 기술을 통한 기적들도 신뢰했고, 사람들에게 그러한 기적들을 성취하라고 권하기도 했다. 신과 그리스도를 믿는 탓에 과학과 기술을 신격화하지는 않았으나 그에게 과학과 기술은 자연의 비합리적이고 치명적인 힘들에 대한 인간의 승리를 가져 올 최상의 도구였다.

우리는 니콜라이 표도로프의 사례에 관심을 갖는다. 왜냐면 표도로프는 기술의 힘에 대한 믿음을 우리 사회를 지배하는 정신과 근본적으로 대립된 정신에 결합하기 때문이다. 그는 자기 아비를 잊은 탕자들의 작품인 기계중심주의와 자본주의를 경멸한다. 형식상 그는 마르크스와 닮았다. 어떻게 보면, 공산주의가 그 대척점에 있는 정신과 합류한 형태다. 표도로프는 매우 희귀한 기독교 사상가다. 아마도 묵시록의 수동적 개념을 뛰어 넘었던 유일한 기독교 사상가일 것이다. 묵시록은 인간과 세계의 역사적 운명, 인간과 세계의 종말, 마지막 출구에 대한 계

시다. 그러나 우리는 묵시록을 결정론과 숙명론의 시각으로 이해하지 말아야 한다. 종말, 최후 심판, 무수한 사람들의 영원한 처벌은 신이나 자연의 필요에 따라 고정되지 않는다. 묵시록과 관련된 내용들에는 어떤 숙명론도 작용하지 않는다. 인간은 자유로우며, 능동적으로 행동하라는 부름을 받았다. 그러므로 종말 역시 인간에게 달린 문제다. 묵시의 예언들은 조건부일 뿐이다.

그리스도인들이 우주적 힘들을 극복하고 죽음을 이기며 보편적 삶을 재건해야 할 운명의 공통 과제에 힘을 보태지 않는다면, 기독교의 깊은 영성을 바탕으로 활동하는 나라를 만들지 않는다면, 이론 이성과 실천 이성, 지성 작업과 육체 작업의 이원론을 극복하지 않는다면, 기독교의 진리는 존재하지 않을 것이다. 기독교 세계가 생명의 충만함 가운데 우애와 사랑을 구현하지 않는다면, 기독교의 사랑과 과학이 힘을 합쳐 죽음을 이겨내지 못한다면, 적그리스도의 나라, 세상의 종말, 최후 심판, 묵

시록에 예언된 모든 것이 도래하고 말 것이다. 하지만 거듭 말한
다. 인류의 "공통 과제"가 시작된다면, 이 모든 일은 일어나지
않을 것이다.

　니콜라이 표도로프의 종말론은 현 기독교의 종말론과도 다
르고, 종교가 된 현대 기술과 기계중심주의의 종말론과도 다르
다. 러시아 공산주의는 표도로프에 대한 추억을 소환한다. 이
사상가는 생전에 잘 알려지지 않았고 찬사도 받지 못했지만, 기
술과 인간 활동의 종교적 문제를 날카롭게 제기했다. 기술 권력
은 자본주의와 관계를 맺는다. 기술의 힘은 자본주의에서 나오
며, 기계는 자본주의의 가장 강력한 무기였다. 공산주의는 자
본주의 문명에서 이 '극도의 기술성'을 끌어다 쓰고, 진정한 기
계 종교를 창조한다. 공산주의는 기계를 마치 '토템'처럼 숭배
한다. 기술이 자본주의를 만들었던 반면, 자본주의 정복에 앞장
선 주역도 바로 기술이다. 또한 더욱 공평한 체제로 자본주의를
대체한 주역도 바로 기술이다. 기술은 사회 문제의 해결에 중요

4장/기술과 영혼 • 83

한 요소가 될 수 있다. 그러나 거기에서도 모든 것은 인간을 지배하는 정신에 달렸다. 유물론 공산주의는 영과 육의 존재인 인간의 문제를 사회의 문제에 종속시켰다. 이 공산주의는 '인간의 사회 조직화가 아닌, 사회의 인간 조직화'를 외쳤다. 그러나 진실은 이 주장과 정반대다. 우선권은 인간에게 있다. 인간이 사회와 세계를 조직해야 한다. 그리고 이러한 조직화는 인간이 어떤 종류의 인격과 정신의 소유자인지에 달렸다. 인간은 '개별 존재'индивидуальное существо로서 사회 조직화를 위해 싸우며, '사회적 존재'социальное существо로서의 자기 소명을 확보한다. 따라서 인간17만이 능동적이고 창조적인 소명을 갖는다.

기계에게 상처 입은 개인은 '인간을 왜곡하는 주범은 기계

---

17) [역주] 여기에서 말하는 인간은 추상적이고 개념적인 인간이 아닌, 개별자로서 생생하게 살아서 활동하는 실체로서의 인간, 사회적 존재로서 역동적이고 창의적으로 활동하는 인간, 이러한 개별자와 사회적 존재를 모두 아우르는 인간다운 인간, 즉 '인격체로서의 인간'을 가리킨다. 위에서 '존재'로 번역한 러시아어 '수셰스트보'(существо)는 살아서 활동하는 실체, 존재, 요체, 주체, 본질 등을 가리킨다. 용어 자체에 이미 역동성과 능동성이 포함된다.

다. 그러니 기계를 비난하자'고 외친다. 이런 생각은 인간의 존 엄성에 관한 생각과 결코 양립할 수 없다. 사람 손으로 만든 기 계에게 책임을 전가할 수 없다. 기계를 맹비난해봤자 자기 운명 을 기계에게 내맡긴 인간의 허위의식만 드러날 뿐이다. 기계중 심주의의 끔찍한 패권에 대한 책임은 인간의 몫이며, 인간 스스 로 제 영혼을 무너뜨렸다. 우리는 문제를 외부에서 내부로 조옮 김해야 한다. 세상은 비인간화되었고, 기계는 비인간화 과정의 기획일 뿐이다. 예컨대 우리는 가시 범위를 벗어난 광선과 가청 범위에 들어오지 않는 소리를 탐구하는 현대 물리학에서 과학의 비인간화를 목도한다. 현대 물리학은 경이로운 발명을 쏟아냈 으나 그 발명은 빛과 소리의 통상적인 한계선 너머로 우리를 끌 어갔다. 아인슈타인의 놀라운 성과를 통해, 우리는 우주 공간의 전통 한계선을 넘어섰다. 물리학의 새로운 발견에는 긍정적 의 미가 있다. 그러나 물리학의 새로운 발견을 결코 책임 당사자라 말할 수 없다. 오히려 이 발견은 [책임자인] 인간의 지성 능력을 증언한다. 비인간화는 현대인의 정신 상태이며, 인간과 우주에 대한 인간 정신의 태도와 맞물린다. 이 모든 것이 우리를 인간에 관한 종교적, 철학적 문제로 인도한다.

무한한 우주가 인간을 흡수했다. 과거에 인간은 무한 우주에 잠겨 살았다. 그러나 이 무한한 힘에서 인간을 해방시킨 주역은 바로 기독교였다. 기독교는 자연의 영과 악마의 힘에서 인간을 해방했다. 아울러 기독교는 인간을 강화했고, 인간은 기독교를 통해 자연에 의존하던 옛 자리를 털고 일어나 신을 의뢰하는 새 자리로 이동했다. 자연에서 해방된 인간은 과학, 문명, 기술의 정점에 오르며 스스로 우주 생명의 신비를 탐구하기 시작했다. 지금도 사람 손이 닿지 않은 곳이 많을 정도로 광활한 우주 생명의 신비를 탐색하면서, 인간은 자연 생명의 깊은 곳에 반(半) 수면 상태로 머물던 우주 에너지의 작용을 발견했다. 이러한 우주 생명의 신비와 관련해, 인간은 새로운 상황에 처함과 동시에 위험한 상황에도 처한다. 인간이 외부로 표명한 조직력이 오히려 인간 내부에 무질서를 조장했다. 기독교는 새로운 문제와 마주했다. 현대인이 우주 차원으로 넓어진 세계와의 관계로 나아가려면, 인간 소명 개념에 관한 기독교의 의식 변화가 전제돼야 한다. 앞으로 우리는 더 이상 교부들의 인간학, 스콜라 학파의 인간학, 인문주의 인간학에 만족할 수 없다. 인간학적 철학의 문제가 인식론의 핵심 문제가 된다. 즉, 인간과 기계, 인간과 유기체, 인간과 세계와 같은 주제가 철학적 인간학과 종교적 인간학의 문제가 된다.

인간사의 운명은 비극이 주를 이룬다. 인간은 다양한 상황을 접하면서 그 과정을 통과했다. 처음에 인간은 자연의 노예였다. 그리고 자기 독립성과 자유를 지키려 영웅적 투쟁을 이끌었다. 인간은 제 손으로 문화, 국가, 계급을 만들고, 민족 통일을 이뤘다. 그러나 얼마 지나지 않아 인간은 제 손으로 이룬 것들의 노예로 전락했다. 현대인은 새 시대에 발을 디뎠다. 말하자면, 현대인은 비합리 사회의 권력을 주인으로 삼고 말았다. 생활을 규제하고 나아가 자연까지 통제하기 위해, 인간은 조직 사회를 만들고 기술 진보를 사용한다. 그러나 끔찍한 재앙과도 같은 역현상으로 인해, 또 다시 인간은 스스로 공들여 만든 것의 노예가 되고 말았다. 기계는 사회가 되었고, 인간은 기계의 노예가 됐다. 기계 사회 안에서 인간은 자신도 모르게 인간다운 특징을 잃고 말았다.

인간 해방, 자연 정신에 대한 지배, 사회정신에 대한 지배, 이 세 가지 문제는 언제나 새로운 측면에서 제기되는 문제이며, 위험성 증가를 동반해 되돌아오는 문제다. 자연과 사회 위에 인간의 자리가 있다는 의식, 인간을 예속시키려는 모든 사회적, 우주적 힘 위에 인간 영혼의 자리가 있다는 의식으로만 풀 수 있는 문제다. 우리는 인간을 해방했던 것을 수용해야 하고, 인간을 노예로 만들었던 것을 거부해야 한다. 인간과 인간의 존엄성 및 소명에 연관된 이 진리는 사실 기독교 사상에 내재했다. 비록, 충분히 표명되지 못했고 이따금 왜곡된 형태로 나타났음에도, 기독교 사상이 본래 이러한 진리의 담지자였다는 사실은 틀림없다.

※※※

인간을 해방하는 길과 인간의 소명을 성취하는 길이 곧 신의 나라로 가는 길이다. 신의 나라는 하늘에 있는 나라이며 동시에 이 땅에 있는 나라, 완전히 변화된 세계다.

니콜라이 A. 베르댜예프의 저작

연대순

Субьективизм и индивидуализм в общественной философии. Критический зтюд о. Н. К. Михайловсом. СПб.(Saint Petersburg), 1901. [국역] 니콜라이 A. 베르댜예프, 『주체와 공동체의 철학』, 김규영 옮김, 『세계 기독교 대사상 제10권』, 교육출판공사, 2012.

Новое религиозное сознание и общественность. СПб.: Издание М. В. Пирожкова, 1907. [새로운 종교 의식과 공공성]

Sub specie aeternitatis, СПб., 1907. [영원의 관점에서]

Духовный кризис интеллигенции. — СПб.: Типография товарищества Общественная польза, 1910. [인텔리겐차의 정신적 위기]

Философия свободы. — М.: Путь, 1911. [자유의 철학]

Алексей Степанович Хомяков — М.: Путь, 1912. [알렉세이 스테파노비치 크로미야코프]

Душа России. — М.: Тип. т-ва И. Д. Сытина, 1915. (Война и культура) [러시아의 혼]

Смысл творчества (Опыт оправдания человека). — М., 1916. [창조성의 의미(인간적 정당화의 경험)]

Свободная церковь. — Московская просветительная комиссия при Временном комитетеГосударственной Думы, 1917. [자유 교회: 국가두마 임시위원회 산하 모스크바 교육위원회]

Судьба России (Опыты по психологии войны и национа-льности). Сборник статей 1914—1917. —М., 1918. [러시아의 운명(전쟁 심리학과 국적에 관한 연구)]

Духовные основы русской революции (Сборник статей) (1917—1918). [러시아 혁명의 정신적 토대(논문 모음집)]

Миросозерцание Достоевского. — Прага: YMCAPRESS, 1923. [국역] 니콜라이 베르댜에프, 『도스토예프스키의 세계관』, 이경식 옮김, 대한기독교서회, 1991.

Философия неравенства. Письма к недругам по социальной философии. Берлин: Обелиск,1923. [불평등의 철학: 사회철학에 관해 적들에게 보내는 편지]

Смысл истории — Берлин: Обелиск, 1923. [역사의 의미]

Новое средневековье (Размышление о судьбе России). — Берлин: Обелиск, 1924. [새로운 중세: 러시아와 유럽의 운명에 관한 성찰]

Константин Леонтьев. Очерк из истории русской религиозной мысли — Париж: YMCAPRESS, 1926. [콘스탄틴 레온티에프: 러시아 종교 사상사에 관하여]

Философия свободного духа (Проблематика и апология христианства) (1927) [자유정신의 철학(기독교의 문제와 변론)]

О назначении человека (Опыт парадоксальной этики). — Париж: Современные записки, 1931. [인간의 목적(역설적 윤리의 경험)]

Русская религиозная психология и коммунистический атеизм. — Paris: YMCAPRESS, 1931. [러시아 종교심리학과 공산주의 무신론]

Христианство и классовая борьба. Париж: Ymcapress, 1931. [기독교와 계급투쟁]

О самоубийстве: Психолог. этюд. — Париж: YMCAPRESS, 1931.

[자살에 관하여: 심리학적 연구]

Судьба человека в современном мире (К пониманию нашей эпохи). — Париж, 1934. [국역] 니콜라이 베르댜예프, 『현대 세계의 인간 운명』, 조호연 옮김, 지식을만드는지식, 2012.

Я и мир объектов (Опыт философии одиночества и обще-ния). — Париж: YMCAPRESS, 1934. [자아와 대상들의 세계(고독과 소통의 철학적 경험)]

Дух и реальность (Основы богочеловеческой духовност-и) (1935) [정신과 실재(신인간적 영성의 토대)]

Истоки и смысл русского коммунизма (на нём. 1938; на рус. 1955) [러시아 공산주의의 기원과 의미]

О рабстве и свободе человека (Опыт персоналистической философии). — Париж: YMCAPRESS, 1939. [국역] 니콜라스 А. 베르댜예프, 『노예냐 자유냐』, 이신 옮김, 늘봄출판사, 2015.

Самопознание (Опыт философской автобиографии) (1940, изд. 1949) [자기 인식(철학적 자서전)]

Творчество и объективация (Опыт эсхатологической метафизики) (1941, изд. 1947) [창조성과 객관화(종말론적 형이상학의 경험)]

Русская идея (Основные проблемы русской мысли XIX века и начала XX века). — Париж, 1946. [러시아 사상: 19세기와 20세기 초 러시아 사상의 근본 문제들]

Истина и откровение. Пролегомены к критике Откровения (1946-1947; на рус 1996). [진리와 계시: 계시 비판에 관한 서설]

Dialectique existentielle du divin et de l' humain, Paris, YMCAPRESS, 1947. [신적인 것과 인간적인 것의 실존적 변증법]

Опыт эсхатологической метафизики. — Париж, 1947. [종말론적 형이상학의 경험]

Царство Духа и царство Кесара. Париж: YMCAPRESS, 1951. [성령의 나라와 카이사르의 나라]

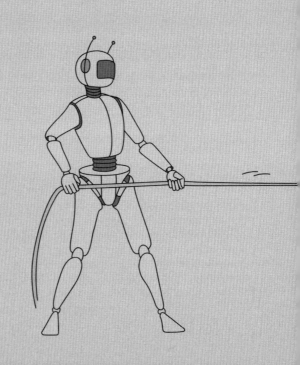